JN289264

忍者大集合

忍者になって遊んじゃおう！

著 山本和子 ◆ あさいかなえ

チャイルド本社

忍者になって遊んじゃおう！
忍者大集合 もくじ

◆ 子どもと読むページ

忍者になって遊んじゃおう！

- 忍者はすごい！ ……………… 6
- 忍者はもっとすごい！ …… 8
- 忍者に変身！ ……………… 10

作って遊ぶでござる

- しゅりけん ……………… 14
- 的 ………………………… 16
- しゅりけんと的で遊ぼう … 18
- 忍者の道具 ……………… 20
- 忍者の道具で遊ぼう ……… 22
- 修行グッズ ……………… 24
- グッズで修行を開始 ……… 26
- 敵役を作ろう …………… 28
- 忍者なりきり忍び込み！ … 30

◆ 子どもと読むページ ─ 超ワイド展開図

たいへんでござる ㉝

修行でござる

猿飛びの術 ……… 42
横走りの術 ……… 44
うずら隠れの術 … 46
忍び足の術 ……… 48
きつね走りの術 … 50
呪文の術 ………… 52

めいっぱい忍者！

運動会 ………… 56
劇遊び ………… 64

◆子どもと読むページ
忍者コラム　ねこの目時計 …… 12
　　　　　　忍者お天気予報 … 40
　　　　　　呪文の秘密 ……… 54

作者からのメッセージ

子どものころ、忍者になりたいと真剣に思っていました。忍者がかっこいいのは、生身の人間が体と頭を鍛え、あっと驚く冒険をやってのけるところ。この本を活用して、忍者になりきって遊ぶことで、心や体が楽しく磨かれていくといいなと思います。

撮影のときに驚いたのは、協力してくれた子どもたちがみんな、忍者がとっても似合っていたこと。そして、変身したとたん、ちゃんと忍者になりきっちゃうことです。どれも簡単にできるので、ぜひ試してみてください。引っ込み思案な子の、意外な一面が見れちゃうかも!?

山本和子　　　　　　　　　　あさいかなえ

◆ 子どもと読むページ ◆

忍者になって遊んじゃおう！

どろろんさい

うほん、わしはどろろん流忍術の名人、どろろんさいじゃ。忍者の里へようこそ。

体も頭も楽しく使って、仲間意識も高まる忍者遊びは、毎日のちょっとした遊びから、運動会、発表会の劇などにも使えて、まさに『忍法遊びの術！』なのじゃ。

忍者の世界には、遊びのタネがいっぱいつまっているぞ。忍者になっただけでも、ワクワクドキドキ。それにちょっとした忍者の道具を作れば、あっと驚くくらい遊びが広がっていくのじゃよ。

みんな、そろっておるか？

ぼくたち、忍者になるために、がんばりまーす！

だけど、忍者ってどんなことをするんですか？

ぴょんまる

おぴたちゃん

ぽよのすけ

そうそう、なにをがんばるのかなあ？

がっくん！

では、教えてあげるが、秘密だぞ。

忍者はすごい！

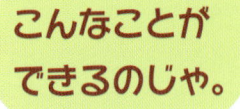

こんなことができるのじゃ。

オリンピック選手に負けないくらい、ジャンプ！

少しずつジャンプ力を鍛えていって、人間の頭を飛び越せるほどジャンプできたんだって。

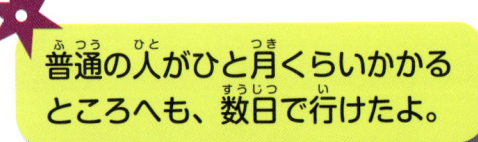

にゃ？

普通の人がひと月くらいかかるところへも、数日で行けたよ。

野山を走って鍛えた体と特別な呼吸法や集中力で、すごいスピードで長い距離を走れたよ。

今、なんか通ったような…

うわ！速い！

しゅたたた

泥沼もすいすい。

泳ぐことも歩くこともできない泥沼を水ぐもを使って渡ったよ。これならお城の堀も渡れるね。

え〜！しずんじゃうよ〜

水の中もすいすい。

忍者はもちろん水泳名人。音や波を立てずに泳いだりもぐったりできたよ。

う〜、息ができない〜

節は抜いてね

隠れる名人だよ。

素早く隠れて辺りに溶け込み、気配を感じさせないので、まるで消えたように見えたんだよ。

忍者はもっとすごい！

変身の名人だよ。

不思議な術も使える！

しゅりけんの名人だよ。

わー！

忍者って、かっこいい！

でも なんのために 忍者は いるのかな？

忍者の仕事は、簡単にいえばふたつ。

ふたつ

敵方の情報、秘密をさぐり出す。

敵方にうそのうわさを流し、混乱させる。

ふむふむ、攻めてくるのは、あさっての夜明けだな。

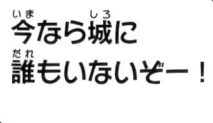

今なら城に誰もいないぞー！

あはは、簡単そう！

あまい！

忍者になるためには、厳しい修行がいるのだ。それに、忍者には守らねばならぬおきてがふたつある。

おきて 一
絶対に秘密を守る。

おきて 二
忍術を悪いことに使わない。

よし、おきてを守って、がんばろう！

忍者に変身！

まずは、服装から忍者に変身！
忍者の服装は、忍者の仕事をするために役立つようになっているんだよ。身軽に動けること。そして、目立たないことが大事。

材料
- Tシャツ（長そで／半そで）
- バンダナ（不織布）
- 画用紙
- 半ズボン
- ビニールテープ
- ハイソックス
- シール折り紙

- バンダナ（不織布）
- 長そでTシャツ
- 画用紙に網目の模様をかいて、三角に切ってはる
- シール折り紙で模様などをつける
- 不織布のひもで結ぶ
- 大きめの半そでTシャツ
- ゆったりとした半ズボンのすそを、黒のビニールテープやゴムひもなどで、ふんわりさせてとめる
- ビニールテープで鼻緒をつける

頭巾は後ろでかっこよく結ぼう。

お手軽忍者

超簡単！
カラフルにできるよ。
チーム分けにも便利。

材料
長そでTシャツ
カラーポリ袋
半ズボン
ビニールテープ
ハイソックス
シール折り紙

NG!

✕ ダブダブはダメ 走れないよ〜

✕ 派手なものもダメ

カラーポリ袋
カラーポリ袋
カラーポリ袋のひもで結ぶ

すてき〜！

◇ 子どもと読むページ ◇ 忍者コラム

ねこの目時計

明日は午前10時に集合じゃ。

でも、時計がないから時間がわかりません。

時計がなくても、時間がわかる方法があるぞ。忍者たちは、ねこのひとみの形を見て、時計の代わりにすることを思いついたんじゃ。

ねこのひとみは人間よりずっと敏感に光を感じて、ひとみの大きさを変えることができます。例えば、光が少ない朝や夕方は大きく丸くなり、光が多い昼間は細くなります。

そこから、ひとつの知恵として、ねこのひとみの形で、時間を知る目安にしたといわれています。でも、暗い雨の日などには、この時計は使えませんね。

いま、〇ねこ時！

さあ、忍者修行のはじまり！

作って遊ぶでござる

はげむのじゃ、はげむのじゃ

忍者の道具を
自分で作ってみよう！
遊びながら
術を身につけるよ！

簡単！簡単！

まかせといて！

ぼくは、とてもとても〜！

しゅりけん

忍者といえば、「しゅりけん」は外せませんね！ いろんな種類のしゅりけんを作って、的に当てたり、距離を競ったり……忍者気分を味わいましょう。

わっかしゅりけん

すぐにできてとっても安全！

よく飛ぶよ！

大きいものは、輪投げにも使えるね！

材料 広告チラシ

1. 広告チラシなどを広げてくしゃくしゃっとにぎりつぶすようにして、少しねじりながら棒状にする。 
2. 輪にしてつなぎ目をセロハンテープで巻く。 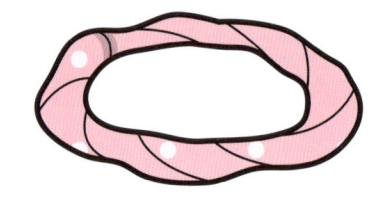
3. 上から押して、ややつぶしかげんにする。

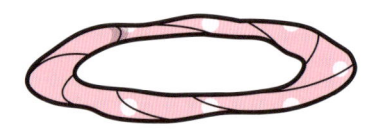

紙皿しゅりけん

色をぬったり、絵をかいたり、折り紙をはったり……。

材料 紙皿

1. 裏返した紙皿のへりに12本くらい切り込みを入れる。 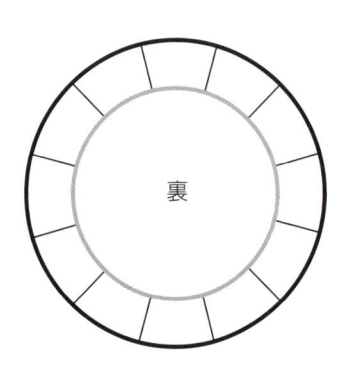
2. 図のようにななめ半分を谷折りにする。

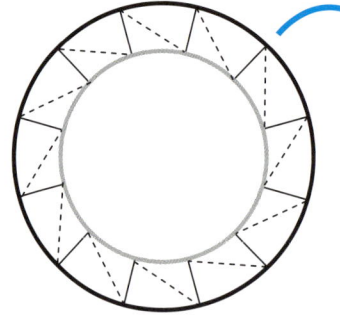

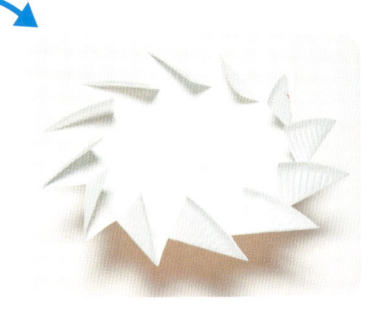

ボール紙しゅりけん

材料 ボール紙

正方形に切ったボール紙の角を丸く切りとる。さらにゆるいカーブを切りとる。

色をぬったり、模様をかいたり！

角を丸く

折り紙しゅりけん

材料 折り紙（和紙、千代紙）

1 長方形になるように折り込み、のりではる。

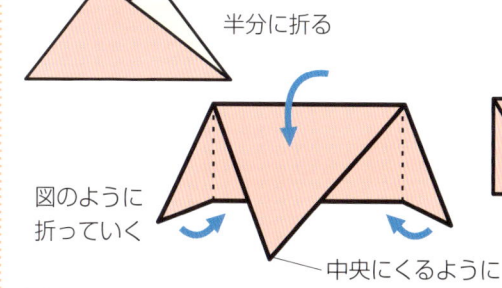

半分に折る

図のように折っていく

中央にくるように

2 2枚を十字に重ねてはり合わせる。

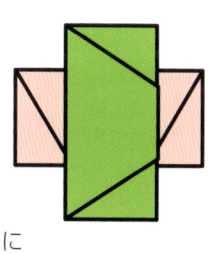

ブーメランしゅりけん

材料 ボール紙 アルミホイル

ボール紙を図のように切り、アルミホイルを巻きつける。

水平に投げるのではなく、縦に回転させるように投げるのがコツ！

わ～！自分にやられた～

棒しゅりけん

材料 新聞紙 折り紙

新聞紙を1/4に切って、4枚を重ねてくるくる巻き、セロハンテープなどでとめる。折り紙などで飾りつけをする。

なが～いツメだよ！

的 ～いろいろバージョン～

大きな的、小さな的、ゆれたり動いたりする的……。しゅりけんを用意したら、的にもひと工夫したいですね。やる気もぐんとアップします。

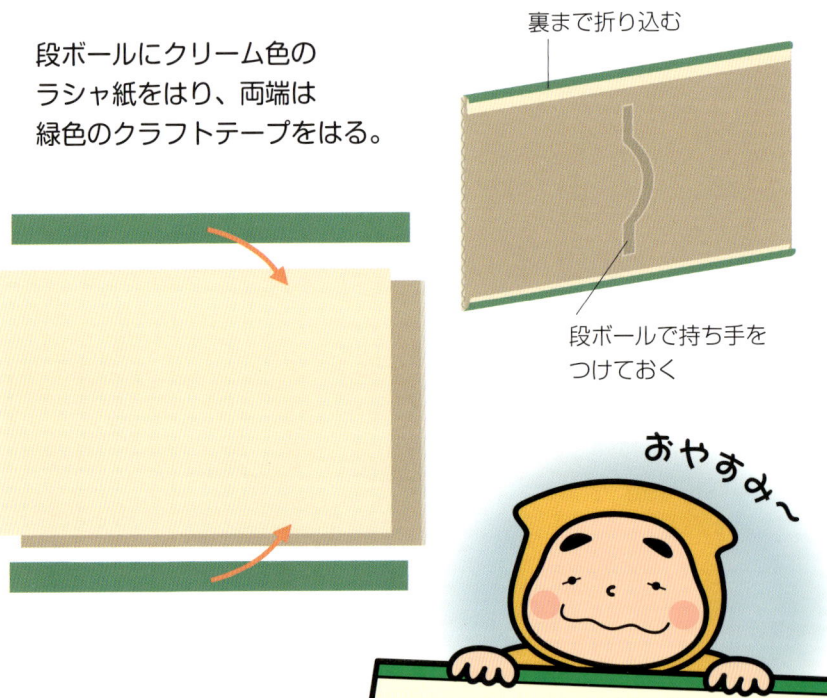

◆ 紙皿的（まと）

材料
- 紙皿
- 紙テープ
- 輪ゴム
- ひも

1 紙皿に自由に絵をかく。

2 つり下げられるように、紙テープなどをセロハンテープではる。

紙テープ　輪ゴム　ひも

ゆらゆら

屋外で木の枝につるすと、風にゆらゆら

◆ たたみ

材料
- 大きめの段ボール
- ラシャ紙
- クラフトテープ（緑色）

段ボールにクリーム色のラシャ紙をはり、両端は緑色のクラフトテープをはる。

裏まで折り込む

段ボールで持ち手をつけておく

おやすみ～

◆ ぽっこりのすけ

材料 350mlのペットボトル　クレープ紙　モール　色画用紙

1. ペットボトルにあらかじめ両面テープを数か所はっておく。

両面テープ

いろんな忍者を作ってね！

2. クレープ紙でペットボトルをくるみ、上をしぼってモールを巻く。

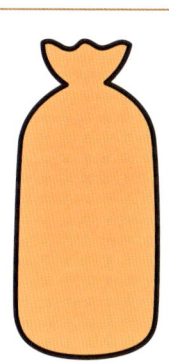

3. 顔や模様をかいた色画用紙を両面テープではる。

◆ ブロック忍者

1. ラシャ紙を忍者の型に切りとり、ブロックにはる。

2. 顔や模様をかいた色画用紙をはる。

3. 段ボールで腕、手を作りはる。

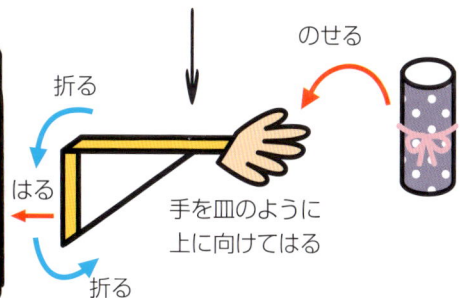

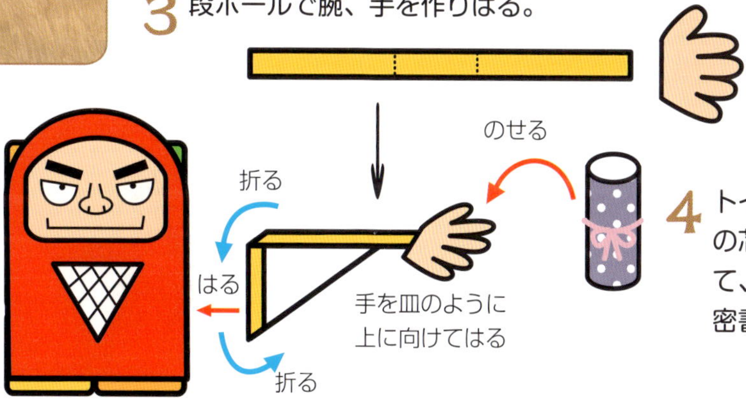

のせる
折る
はる
折る
手を皿のように上に向けてはる

4. トイレットペーパーの芯に折り紙を巻いて、モールでとめ、密書を作る。

材料
ラシャ紙
色画用紙
段ボール
折り紙
モール
トイレットペーパーの芯

しゅりけんと的で遊ぼう

さあ、忍者らしくポーズを決めて
しゅしゅしゅっと投げて、的に当ててみよう！

> 周囲に人が
> いないことを
> 確認して、
> 投げるのじゃ。

◆ 遠投くらべ

いろいろなしゅりけんでやってみよう！

すばやく はかるべし‼

◆ 的当て

誰が一番多く当てられるかな？

えいっ‼

やった〜‼

> 棒しゅりけんを
> 指の間にはさんで、
> 一度になん本も
> 飛ばしてみよう！

忍法、3本投げ‼

✦ 密書落とし

ブロック忍者の密書を狙って、投げてみよう。

ややっ、秘密の文を持ったブロック忍者だぞ

ありゃ

✦ たたみ返し

パッとたたみを立てて、しゅりけんをよけてみよう。

むむっ、やるな！

密書を守るなど、役割を決めてもいいね！

ぽっこりのすけをつかまえよう！

輪投げと同じルールで、わっかしゅりけんをかけていく。

しゅりけんでぽっこりのすけを倒してみよう！

忍者の道具 〜必須アイテム〜

忍者の道具は、特殊でかっこいいものばかり！
楽しく作って、バッチリ決めてみよう！

◆ 吹き矢

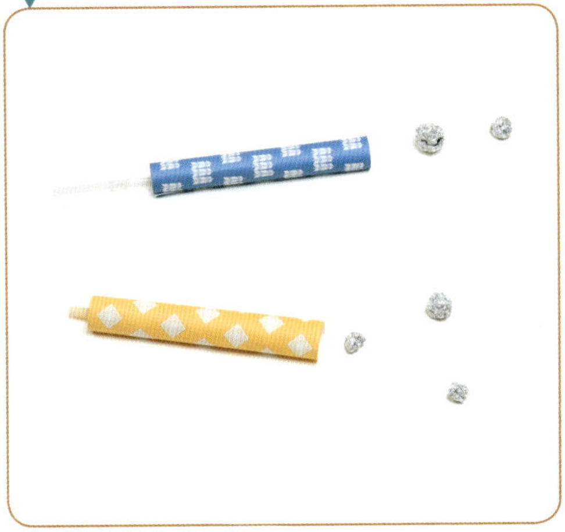

1 色画用紙を丸める。

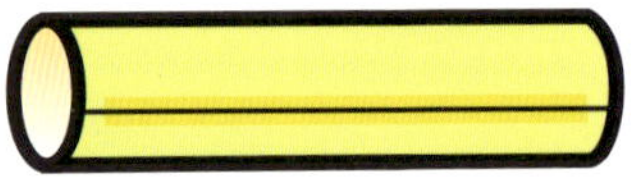

2 ストローの吹き口をセロハンテープでとめる。

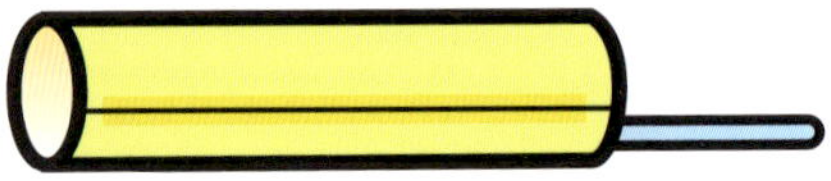

3 玉はアルミホイルをふんわり丸める。

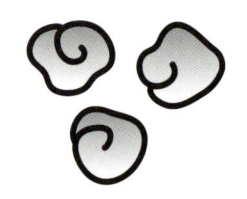

かたいと痛いからふんわりね！

材料 色画用紙　ストロー　アルミホイル

◆ のろし

材料 スズランテープ　ポリ傘袋　曲がるストロー　紙コップ

ポリ傘袋にスズランテープをはる。口をしぼってストローにセロハンテープで巻きとめる。

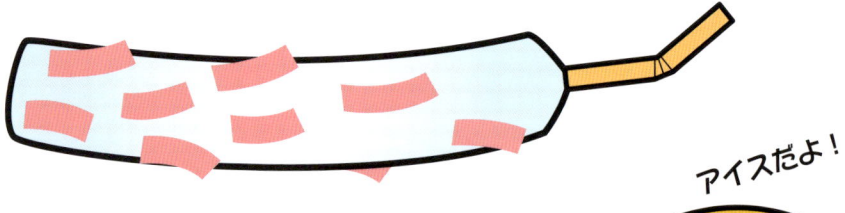

紙コップの側面に穴を開け、そこからストローを出す。ポリ傘袋を紙コップの中に押し込んでおく。

アイスだよ！

✧ くも糸

材料 スズランテープ　輪ゴム

長めのスズランテープをほぐす。

輪ゴムで指をかける輪を作る

丸めて手の中に収まるように

✧ 水ぐも

材料 段ボール　不織布（ひも）　クラフトテープ

1 段ボールを丸く切りとり、穴を3つ開ける。

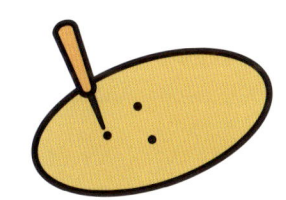

2 穴に細く切った不織布を通して結び目を作って固定し、裏側からクラフトテープでとめる。

✧ まきびし

材料 広告紙　紙袋

広告紙を小さくちぎって、丸める。

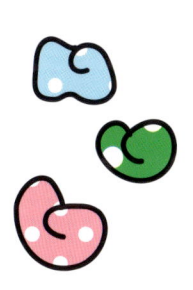

紙袋などの小袋に入れて、腰に下げる

✧ 分どう

材料 ひも　新聞紙　エアパッキン　小さめのペットボトル2本　スズランテープ

ペットボトルの中にスズランテープをふわっと入れておくと、きれいな分どうができる

1 エアパッキンや透明のビニール袋で、丸めた新聞紙を包む。

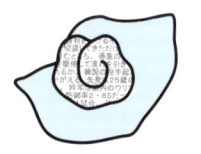

2 セロハンテープで巻いた上からひもで、しっかり結ぶ。

忍者の道具で遊ぼう

道具ができたら、忍者になってどんどん遊んじゃおう！

◆ 水ぐもレース・まきびしレース

水ぐもをはいて、競走する。

エアパッキンを堀に見立てて、その上を渡る

まきびしを踏まないように走る

◆ 吹き矢でプッ！

コップめがけて吹き矢を吹く。

紙袋を下げてもいいよ！

壁に紙コップをビニールテープではっておく

プッ

たくさん入れた人の勝ち！

◆ のろしが合図！

上ったのろしに合わせ、素早く体を動かす。

赤、黄、緑ののろしを作り、それぞれの色の動作を決めておく。

- **赤ののろし** 敵が来た！ ふせろ！
- **黄色ののろし** 変身の合図だ！ 立ってドロロン！
- **緑ののろし** 忍び足で前進だ！

◆ くも糸鬼ごっこ

くも糸をかけられたらつかまる。

鬼はくも糸を手の中に持っていて、近づいたらパッと手を開いてかける。

たすけて〜

にんじゃのとりで

つかまったら、クラフトテープで作った忍者のとりでに入れられてしまう！

修行グッズ

忍者修行に使えるアイテムが登場。
身近なもので、簡単に作りましょう！

ペットボトル鳴子（なるこ）

1 ペットボトルの中に、ビーズや広告紙を丸めたものなどを入れる。

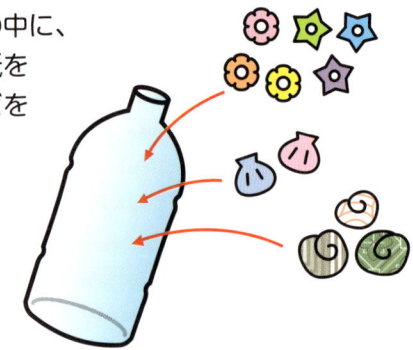

2 ペットボトルにふたをして、ひもでつるす。

材料 ペットボトル　ひも　ビーズ　広告紙

いいおと♪

ひらひらゴムひも

材料 スズランテープ（緑やピンクなど）　ゴムひも　鈴

ひもにスズランテープを数本はり、先に鈴をつける。

カラフル！紙テープでもいいね！

隠れの術アレンジ

材料 ラシャ紙（エアパッキン）　色画用紙　新聞紙

木の葉（このは）隠れの術

ベージュ色のラシャ紙に色画用紙をピンキングばさみで切って作った葉をはりつける。葉は、季節によっては本物の落ち葉をはりつける。

あっ！敵が来たわ！

石垣隠れの術

グレーのラシャ紙に、新聞紙を大きく丸めて、石垣のようにはりつけていく。

ほんとうの石垣みたい

素材をエアパッキンに変えると…

水とんの術

エアパッキンを輪にして、穴を開ける。水色や青のスズランテープをはる。

隠れることは忍者の基本！

グッズで修行を開始

忍者の動きをまねしてみると、忍者気分がさらに高まりますよ！

✦ ペットボトル鳴子(なるこ)

音を鳴らさないように、下をくぐる。

だんだん低くしてみよう。

おっとっと

✦ ひらひらゴムひも

ゴムひもを飛び越す。

だんだん高くしてみよう。

スズランテープのひらひらが気になるので、ひもだけよりちょっと難しいよ

ひらひら

✧ 木の葉隠れの術・石垣隠れの術・岩隠れの術

かくれんぼに使ってみよう。

雨の日や天候のすぐれない季節、屋内での
かくれんぼが一段と楽しくなるよ！

ひもにかける

クラフトテープでとめる

とび箱にかける

✧ 水とんの術

リレーの障がい物として使ってみよう。

入り込んだままに
ならないように
注意するのじゃ。

27

敵役を作ろう

目の前に敵がいれば、忍者修行もやる気がアップしますよね！ 存分に力を出して、やっつけちゃおう！

◆ ポテポテ忍者

材料 カラーポリ袋　新聞紙　ビニールテープ　色画用紙

1 カラーポリ袋（できれば二重にする）に丸めた新聞紙をつめる。

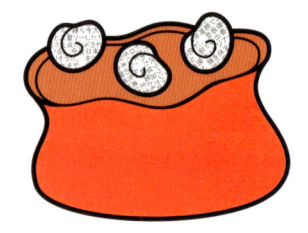

2 なるべくたくさんの空気を入れてから、口をビニールテープでとめる。

3 色画用紙に顔などをかいて、はる。

分身の術!!

わー いっぱいだ!!

がま忍者

材料 カラーポリ袋　シール折り紙　色画用紙

大小ふたつのカラーポリ袋に、丸めた新聞紙をつめる。

ゲロゲロゲロ〜

目、口などをシール折り紙と色画用紙で作ってはる。

アタック忍者

材料 ペットボトル　エアパッキン　色画用紙　ひも

ペットボトルをエアパッキンで包み、忍者の顔や手をはる。

ゆれるタイミングをよく見て！

ひもをつけて、ゆらす。

ブラーンブラーン

おっと!!

マット忍者

材料 運動マット　カラーポリ袋　色画用紙　ひも

手足がなくても、十分な迫力！

ぱんち！ぱんち！

1 マットを巻き、立ててひもでしばり、胴体にする。

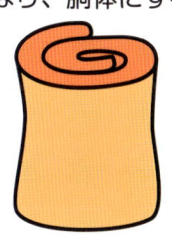

2 頭はポテポテ忍者をのせる。

3 手足も、ポテポテ忍者と同じ要領で作ってはる。

4 飾りつけをして、腰にひもを巻く。

忍者なりきり忍び込み!

いよいよ! 忍者になりきって、お城に忍び込もう。
狙うはお城の宝!

◆ 忍者城セット

城
段ボールを2段に重ねて、中は子どもが立てるようにスペースを作っておく。裏には出入り口を作る。

猿飛びでジャンプ!

石垣
段ボールに新聞紙を丸めてはりつける。

堀
25ページの水とんの術を使う。

こちらからこっそりと!

様子をうかがって
キョロキョロ

ややっ、忍者が！

井戸トンネル
段ボールに色画用紙で作った模様をはる。裏には出入り口を作る。

トンネル
段ボールをつなげる。

もぐり込んで侵入

部屋の中のセットだけでも、簡単に忍者の気分が味わえます。

忍者屋敷セット

基本はすべて段ボール！

旗立て台に棒をさして、回転に利用しています。

あ、こんなところに抜け道が！

お宝はどこかな？

たんすの中から、あれあれあれ〜！

どんでん返しから、忍者登場！

えいっ!
ひぇ~!両方から!!
すけっとだぜ!
ぎゃ~
うわ!ねずみ!!
チュー
ゆるさん!
みたぞ!
おぬしもワルよのう…
きいたぞ!
見つけた~
いやん…
じんじゃのにんじゃは
なんにんじゃ?
どわーん
ひひひ…
いててててて…
にんにん
とおせんぼ~
だいじょうぶ!
うわ~~
しまった!
ちりりりん♪
こっちじゃ
ロクニンジャーさんじょう
くせもの!!
おっと!!
にせもの→
えーい!
まだ~?
お城に着いたぞ!

超ワイド展開図
たいへんでござる！

あ～れ～！

たいへんです！
白雲城のお姫さまが、
どくろ忍者たちにさらわれました！
親分の黒雲五右衛門の命令に違いありません。
忍者屋敷に連れて行かれたお姫さまを、
ぴょんまるたちは無事に助けることが
できるかな？

お城のような忍者屋敷には、しかけや、
わながいっぱいあるよ！

おたずねもの
おたずねもの
おたずねもの
おたずねもの

この4人のどくろ忍者を見つけ出せるかな？

おまえたちだけで姫を助けるのじゃ！

すけだちいたす！

よーし、このしゅりけんで！
まかせて！
この井戸から入れるぞ！

運動会
練習場

◆ 子どもと読むページ ◆ 忍者コラム ◆

忍者お天気予報

明日は雨になるから、
忍び込むのにぴったりじゃ。
雨の音で、物音が
聞こえにくくなるからな。

わあ、お師匠さま、どうして明日のお天気がわかるんですか？

うふふ、忍者はお天気予報もできるのじゃ。

忍者たちは自然をよく観察して、長年の経験からお天気を予測していました。

月がかさをかぶっていると、くもりか雨になる。

山が雲のかさをかぶっていると、雨になる。

朝露がおりると晴れになる。

星がチカチカしていると、風が強くなる。

風の強さや雲の動きは天気と関係があるので、天気予報の目安になります。

つばめが低く飛んだり、朝にとんびが鳴くと雨、などの言い伝えもあり、生き物たちの動きもお天気を予測する手だてにしていたんだよ。

ここだ！

なにか聞こえるぞ！

秘密の地図を手に入れたわ！

出てこい悪者！

やま！

水ぐもでスイスイ！

かわ！

40

遊びながら忍者の練習！
修行でござる

修行には
初級、中級、上級の
3段階があるよ。
楽しくチャレンジ！

なにを
やるのかな？

横走りなら
まかせて！

ぼくは
隠れるのが
得意だよ！

猿飛びの術

忍者は猿のように身軽に飛ぶべし。

飛ぶ前はちょっとドキドキでも、思いきってポン！
コツをつかんだら、少しずつグレードアップしてみましょう！

17ページで作った「ぽっこりのすけ」を使おう。

初級 ◆
ぽっこりのすけを1つ飛び越す。

せーの！
ぴょん

またいで飛べたら、次は両足そろえて飛んでみよう！

中級 ◆◆
ぽっこりのすけを3つ並べて、つぎつぎに飛び越す。

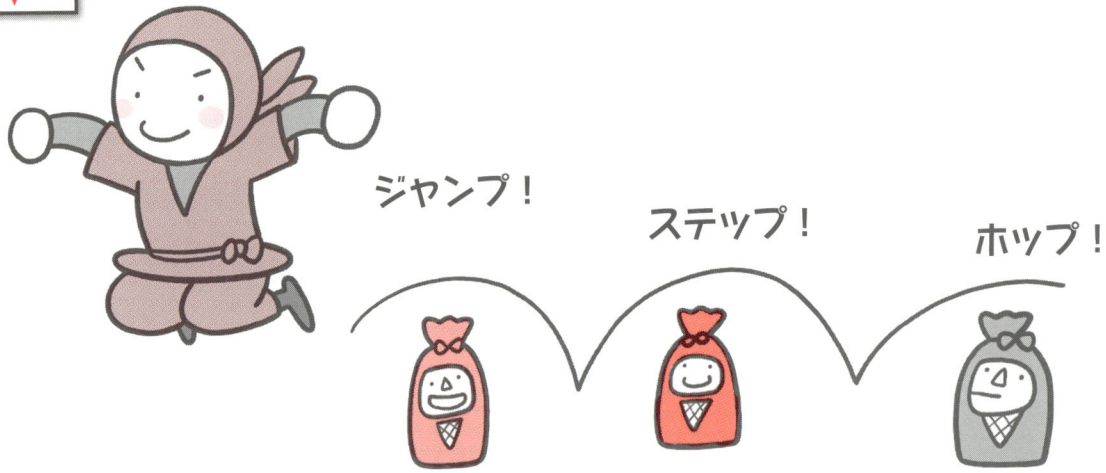

ジャンプ！
ステップ！
ホップ！

上級

大きなぽっこりのすけを3つ並べて、つぎつぎに飛び越す。

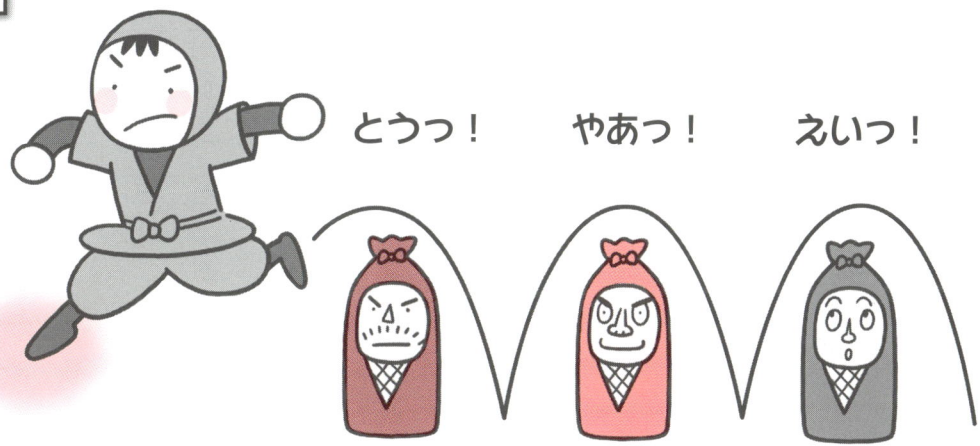

とうっ！　やあっ！　えいっ！

遊びに取り入れてみよう！

鬼ごっこをするとき、ぽっこりのすけで安全コーナーを作ってみよう。

セーフ!!　　ここなら安心　ふぅ～

まてまて～

この中に入ると鬼はタッチできないよ！

横走りの術

忍者は風のように走り抜けるべし。

忍者ムード満点の横走り。ちょっと難しいけれど、かっこよく機敏な動きにチャレンジしてみよう！

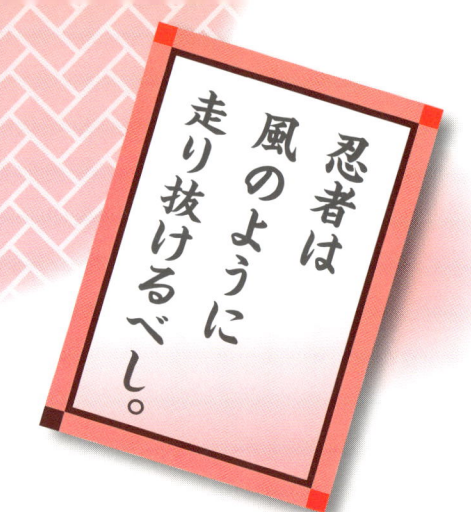

初級

壁に沿って、横走りをする。

あらかじめ目印をつけて、距離を決めておこう。

つつつつつっ

目印

中級

壁なしで少し長い距離を横走りをする。

ありゃりゃ

まっすぐのつもりでもなかなか難しいものじゃぞ。

上級 ★★★
ブロックなどを並べたコースを横走りで通り抜ける。

おっとっと…

遊びに取り入れてみよう!

がんばれ〜　横走りSけんをやってみよう。

じゃんけんぽーん!

横走りリレーも楽しいよ!

うずら隠れの術

> 忍者は
> じっと動かず
> 隠れるべし。

子どもにとって隠れるってことは、ワクワクするほど楽しいこと。隠れ続けるために、じっとすることから練習して、隠れる楽しさをアップさせてみましょう。

初級

目をつぶったまま、10秒間動かずに立っている。

まずは動かない練習をしよう。

グラグラ

へっちゃら〜

中級

目をつぶったまま、片足で10秒間動かずに立っている。

おっとっと

集中しないと難しい！

1、2、3……

上級 ★★★
目をつぶったまま、足の先に手をつけて小さくなり、10秒間動かない。

これが うずらなんだね

1、2、3、4、5……あらら？

わーい ぼくは全部 できたよ！

コテツ

うずら隠れとは、
体をできるだけ小さくして動かずに隠れる術。

うずら……

忍者の術の中には、たぬき隠れ、きつね隠れもあります。

どんなときも じ〜っと そ〜っと！

たぬき隠れ 木に登って枝のかげに隠れる術。

きつね隠れ 水に入って水草などに隠れる術。

忍び足の術

忍者はねこのように、音を立てずに歩くべし。

抜き足、さし足、忍び足……。
忍者になりきって、静か〜にゆっくり歩く緊張感を楽しもう！

初級 ◆　新聞紙の上を音を立てずに歩く（新聞紙1枚）。

広げた全判新聞紙を床にクラフトテープなどではろう。

そ〜っと そ〜っと

し〜っ

中級 ◆◆　新聞紙の上を音を立てずに歩く（新聞紙3枚）。

ここまで来られるかな？

ゴール

あ〜！

上級 ★★★

新聞紙の上に障がい物を置き、音を立てずに歩く（新聞紙3枚）。

これは むずかしいなり〜

新聞紙の障がい物
新聞紙をくしゃっと丸めて、クラフトテープでとめる

遊びに取り入れてみよう！

みんながこっそり歩く、忍び足流「だるまさんがころんだ」をやってみよう。

せりふもゆっくり言うと楽しい！

だ・る・ま・さ・ん・が

「忍者と大蛇がころんだ」などとせりふを言いかえてもいいね。

49

きつね走りの術

> 忍者は足あとで人数を見破られないようにするべし。

おっとっと……まっすぐに歩く練習で、バランス感覚も養われること間違いなし！

初級 ◆
ビニールテープの上をつま先立ちでゴールまでまっすぐ歩く。

それはかいじゅう走りだよー

ドタドタ　ドタドタ

バレリーナのように！

ビニールテープを床にはっておく

中級 ◆◆
ビニールテープの上をつま先立ちでまっすぐ歩き、5歩目にしゃがむ。

これをゴールまで繰り返す

いち.に.さん.し

このとき手を床につけず立ち上がろう

ご！

いち.に.さん.し

上級 ★★★

ジグザグにはったビニールテープの上を歩く。

ジグザグにはったビニールテープの上を、つま先立ちでまっすぐ歩き、5歩目にしゃがむ。これを繰り返す。

時間を計って、競争するのも楽しいわね！

いち、に、さん、し、ご！

いち、に、さん、し

ご！

いち、に、さん、し

スタート

ゴール

きつねはこんなふうに歩いたよ。

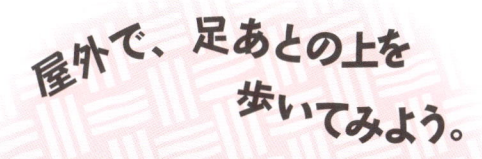

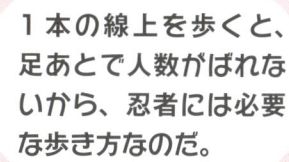

1本の線上を歩くと、足あとで人数がばれないから、忍者には必要な歩き方なのだ。

屋外で、足あとの上を歩いてみよう。

これはむずかしい～

呪文の術

> 忍者は呪文をうまく唱えるべし。

誰もが楽しめる早口言葉遊び。忍者気分が味わえる、そんな言葉がたくさん登場しますよ！

53ページの巻物を作って、プリントした呪文をはってみよう。

初級　短い早口言葉が言える。

あかまきもの　あおまきもの　きまきもの

にんじゃの　しゅりけん　ひきぬきにくい

にんじゃとう　たてかけたのは　たてかけたかったから

にんじゃ　だいじゃ　もんじゃ　どうじゃ

中級　長い早口言葉が言える。

すいとんの　じゅつで　にんじゃ　ぶくぶく
みぶくぶく　むぶくぶく　みぷくぷく　むぷくぷく

どろの　なかの　どじょう　どろろん　みどろろん
しろの　なかの　にんじゃ　どろろん　むどろろん

とのさま　ぱかぽこ　しろうまで　ぱかぽこ
にんじゃ　ぱかぽこ　くろうまで　ぱかぽこ

上級 ★★★ 長い呪文が最後まで言える。

> とびすけのところは、自分で考えた忍者ネームを入れてもOK！

```
どろろん　どろろん　ぽてらの　ぷとら
しのび　のびのび　わらわら　わらじら
のかけ　やまかけ　ぱこもこ　ぱこもこ
ふうま　こうが　いがぐり　かちぐり
ふうとん　もくとん　きんとんとん
さるとび　ことび　さぴりん　とぴりん
ちゃるめんぱぴりの　にんじゃ　とびすけ
```

> 難しい〜

> ちゃる……ちゃるめん……

巻物の作り方

材料 包装紙　広告紙　上質紙（ハトロン紙）　ひも

- 棒は広告紙を細く巻く
- 上下を折ってはる
- 上質紙（ハトロン紙）
- 包装紙（柄が表になるように）
- ひも

> 巻物はかっこいいのう……。

◆ 子どもと読むページ ◆ 忍者コラム

呪文の秘密

> ああ、これからお城に忍び込むなんて、ドキドキドキ！

> これこれ、心を落ち着かせないと、忍び込んでもすぐ見つかってしまうぞ。

> よし、よいことを教えてあげよう。

よく忍者は片方の指を立てて、もう片方の手でそれをつかむポーズをしていますね。ためしに片方のひとさし指を、もう片方の指と手のひらでしっかり包んでみてください。それだけでも、すうっと心が落ち着きませんか？
忍者はいざというときに集中して、力を十分出せるように、呪文を唱えたり、指を組んで印を結んだりしました。忍者が勇気を出すための印は

臨　兵　闘　者　皆　陣　烈　在　前

という九字の印が有名です。

> さあ、呪文を唱えてみよう！太陽や月に向かって印を結べば、さらにパワーアップするぞ。

> 寝ちゃってる〜。

> むにゃむにゃ

さあ、忍者を楽しもう！

めいっぱい忍者！

忍者の動きを
バッチリ
身につけたところで、
今度はほかの人にも
見てもらおう！

> わたし、お姫さまの役！

> 忍者じゃないの？

がくっ

運動会

忍者の術を利用して、いつもとはひと味違う運動会をしてみよう！

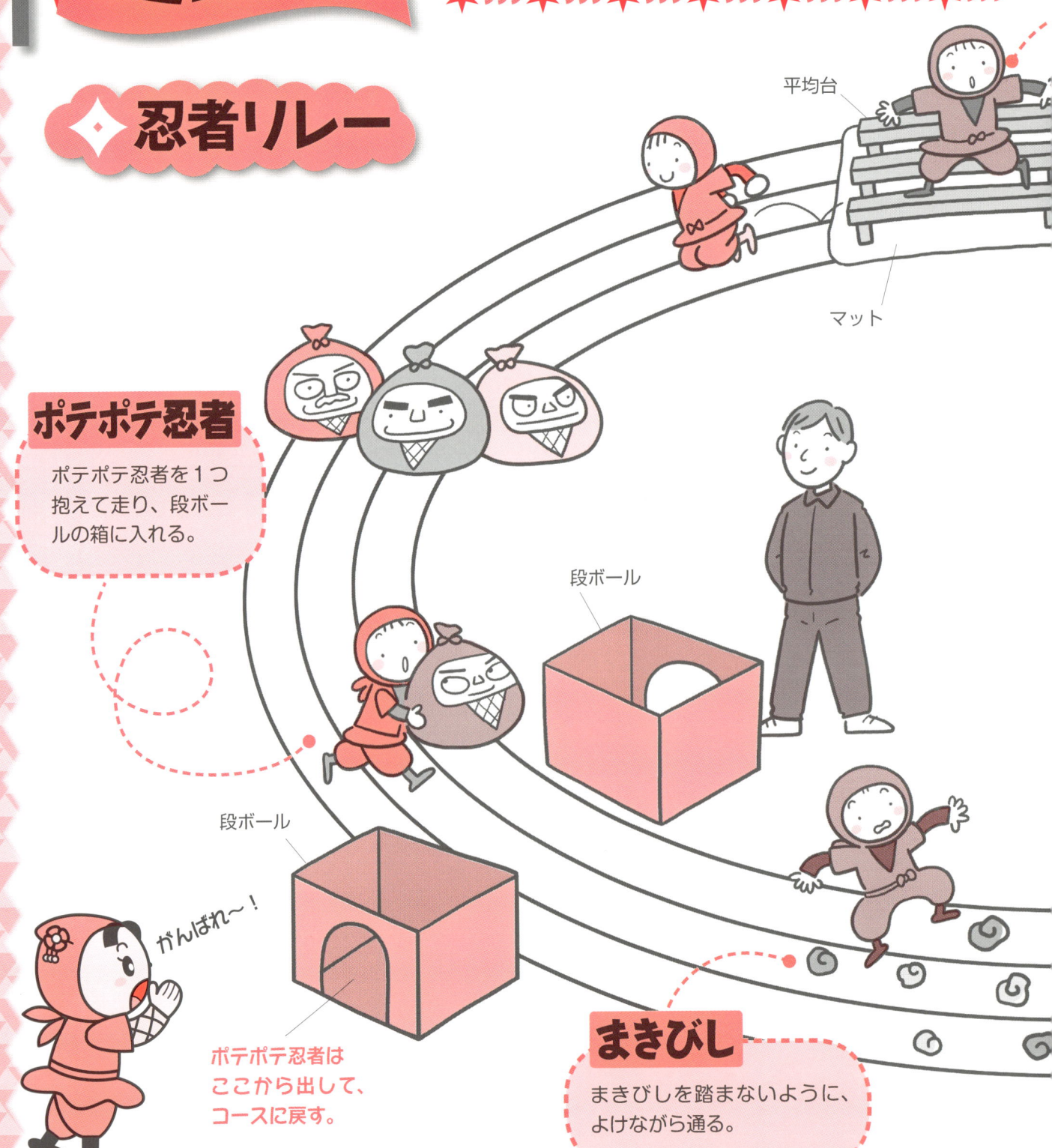

◆忍者リレー

平均台

マット

ポテポテ忍者
ポテポテ忍者を1つ抱えて走り、段ボールの箱に入れる。

段ボール

段ボール

がんばれ～！

ポテポテ忍者はここから出して、コースに戻す。

まきびし
まきびしを踏まないように、よけながら通る。

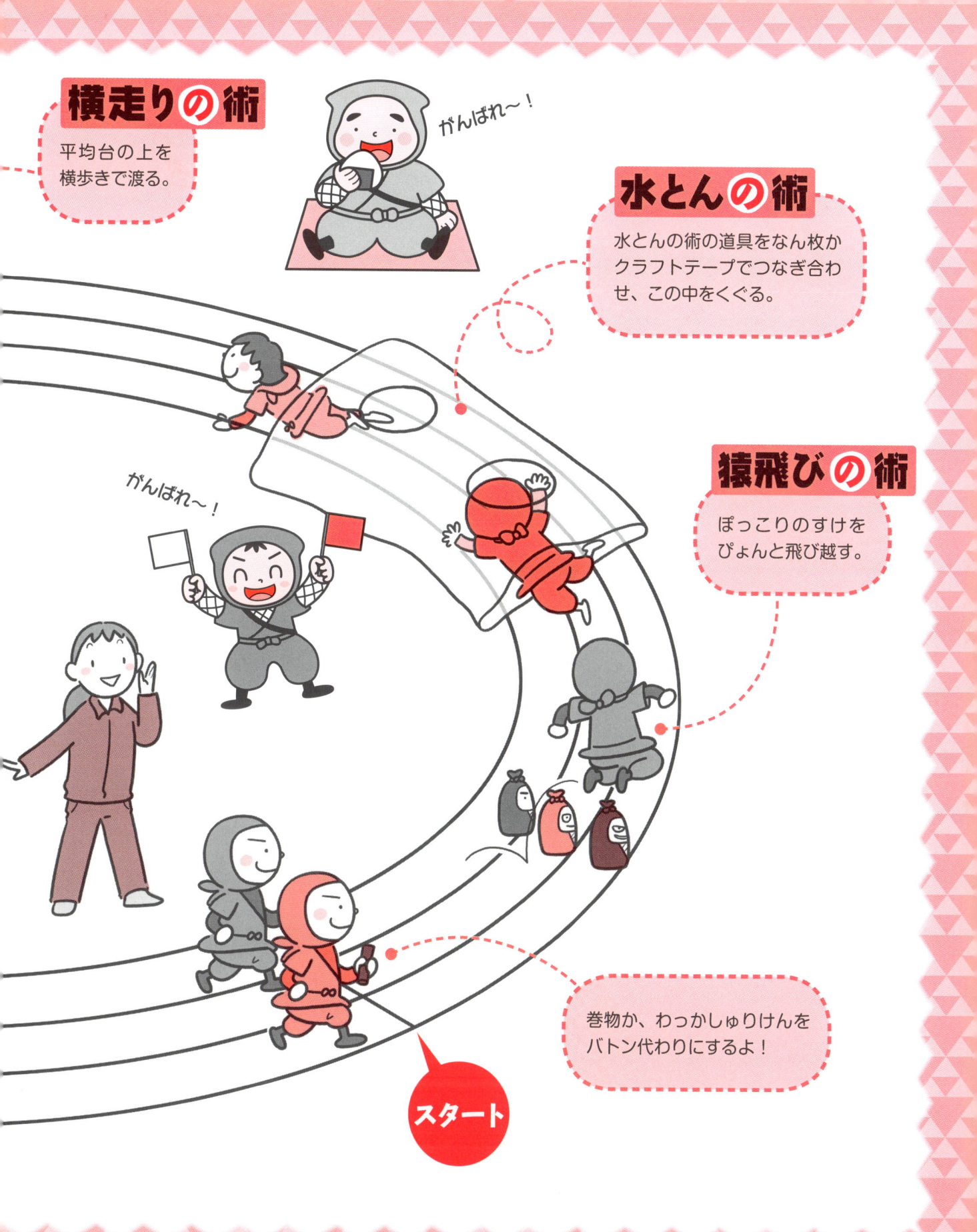

横走りの術

平均台の上を横歩きで渡る。

がんばれ〜！

水とんの術

水とんの術の道具をなん枚かクラフトテープでつなぎ合わせ、この中をくぐる。

猿飛びの術

ぽっこりのすけをぴょんと飛び越す。

がんばれ〜！

巻物か、わっかしゅりけんをバトン代わりにするよ！

スタート

その他の競技アイデア

◆ 忍者玉入れ

色違いのマットで、大きな忍者を作って、忍者玉入れをしてみよう。

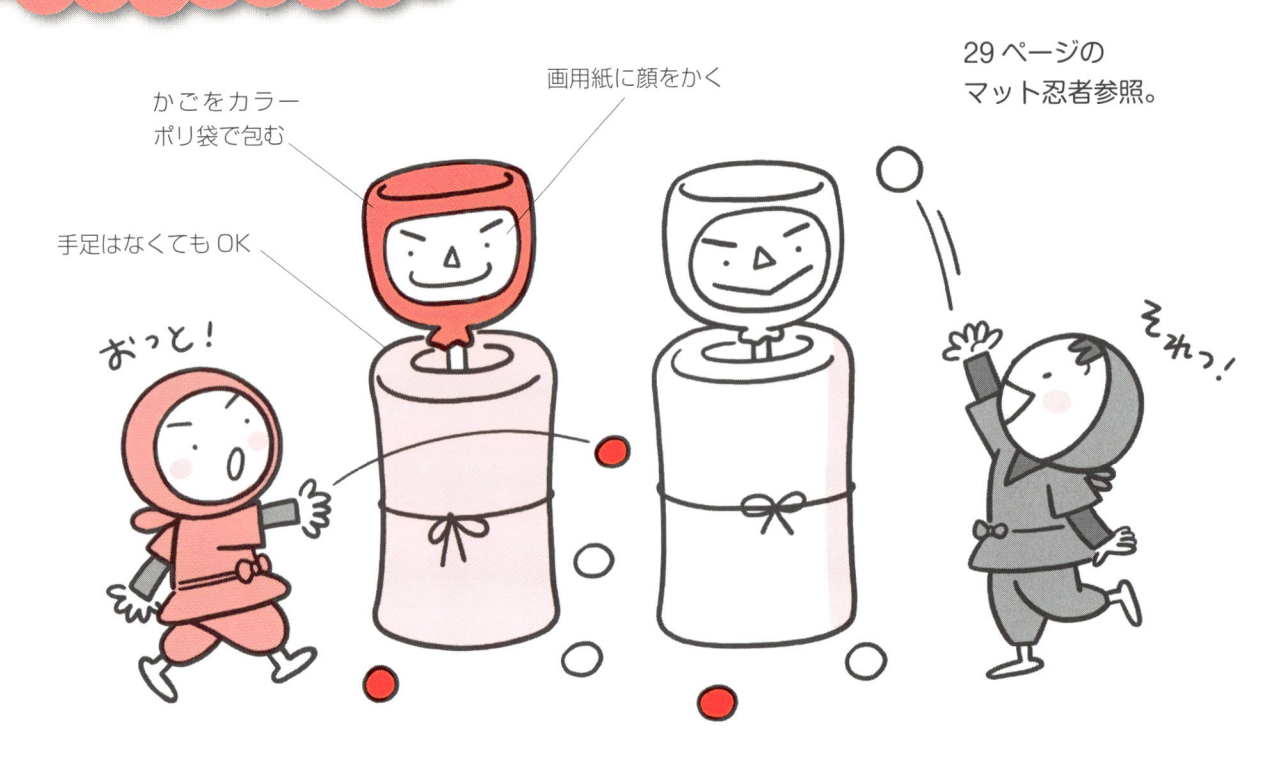

かごをカラーポリ袋で包む

画用紙に顔をかく

29ページのマット忍者参照。

手足はなくてもOK

おっと！

それっ！

◆ 横走りリレー

44ページの横走りの術の要領で、いつものリレーを横に走ってみよう。

短い距離でも、いつもと違う雰囲気がするよ。

曲がらないように、がんばって！

ささっ！

◆くねくね走り

ぽっこりのすけ（17ページ参照）をよけて、くねくね走り抜ける。

◆鳴子リレー

ゴムひもについている鈴を鳴らさないように、またいで通り越す。

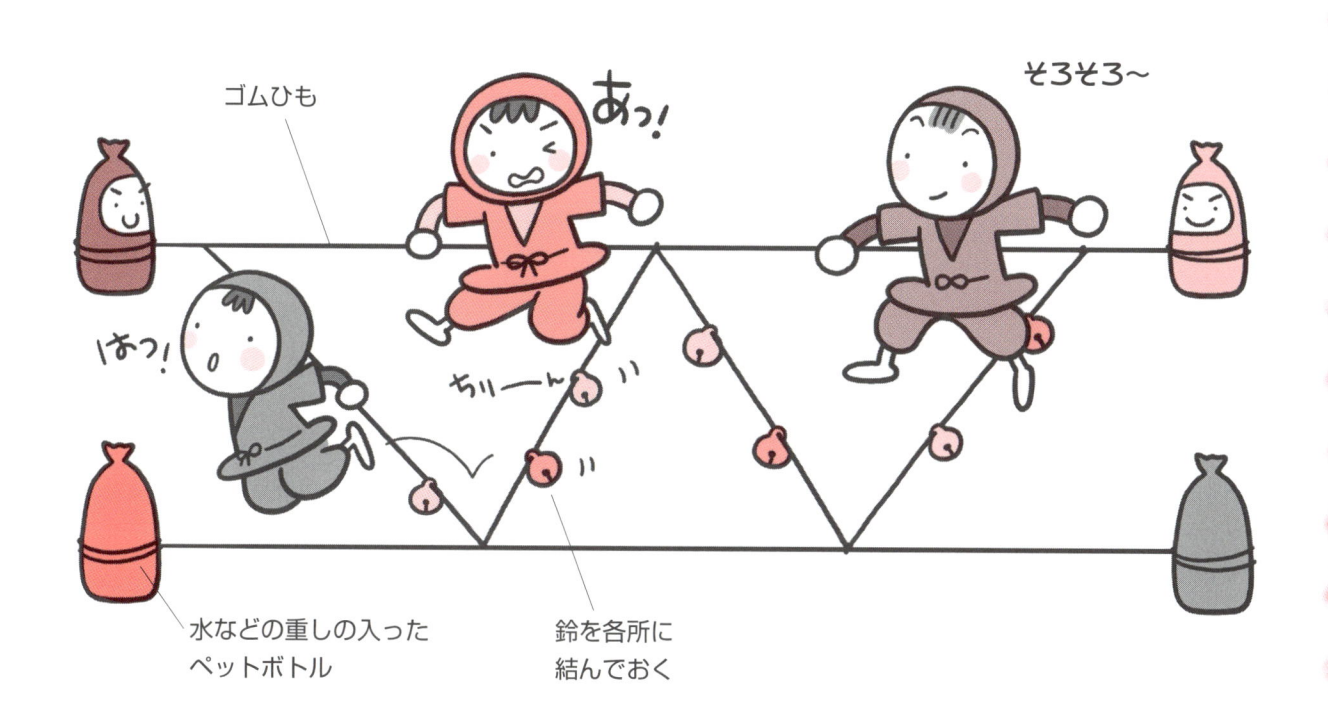

そろそろ〜

ゴムひも

水などの重しの入ったペットボトル

鈴を各所に結んでおく

◆隠れ走り

小さくなって隠れながら走る。

はいつくばったり……

しゃがんだり……

ブロック

草や塀の模様をラシャ紙で作って、段ボールにはり、裏はブロックで支える

◆トンネル早抜け

段ボールの中を忍者のように素早く通り抜ける。

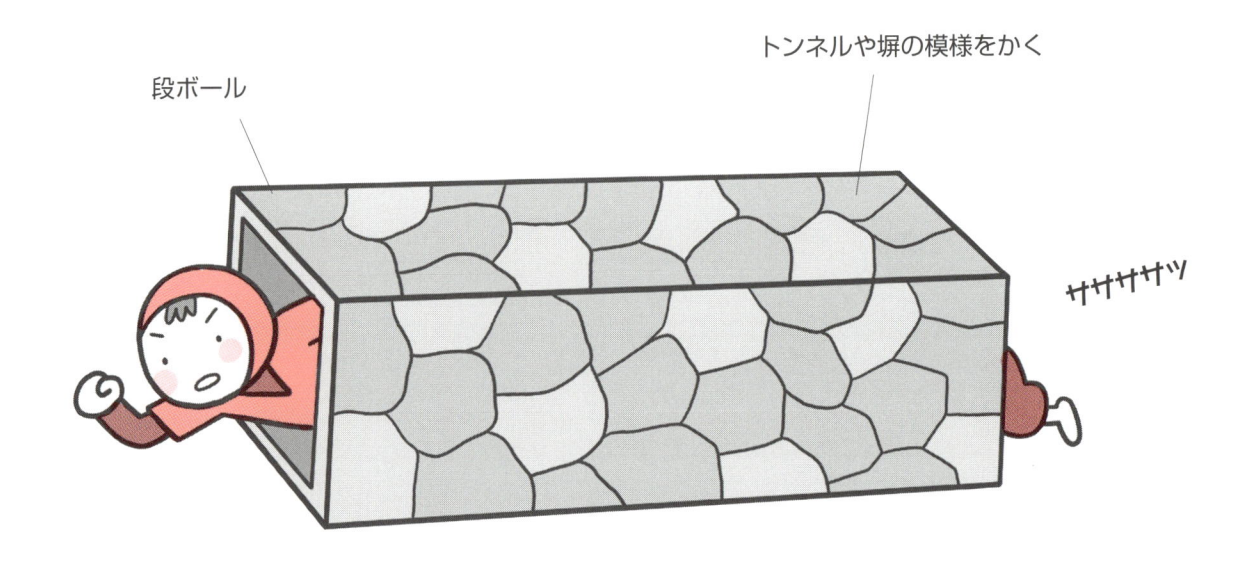

段ボール

トンネルや塀の模様をかく

ササササッ

◆駕篭リレー

駕篭をかつぐ人2人と、乗客1人の計3人で行うリレー。「えっさほいさっ」とかけ声を合わせて歩き、次の人に駕篭を渡そう。

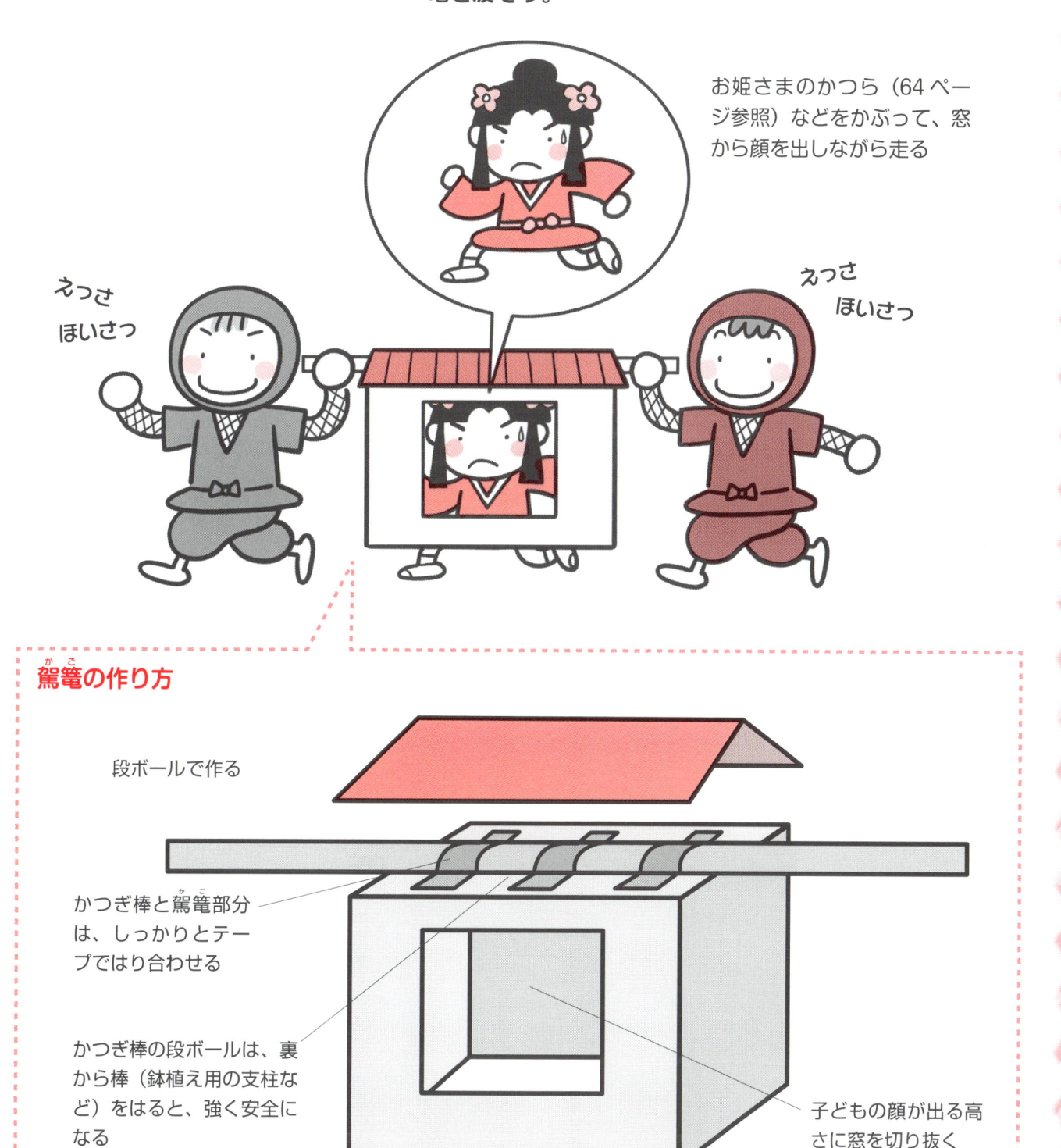

お姫さまのかつら（64ページ参照）などをかぶって、窓から顔を出しながら走る

えっさほいさっ

えっさほいさっ

駕篭の作り方

段ボールで作る

かつぎ棒と駕篭部分は、しっかりとテープではり合わせる

かつぎ棒の段ボールは、裏から棒（鉢植え用の支柱など）をはると、強く安全になる

子どもの顔が出る高さに窓を切り抜く

◆ 忍者ダンス！

みんなそろって、忍者のダンス「にんじゃでござる」にも挑戦してみよう。忍者らしくポーズを決めてみてね！

1 どろろん　どろろん　　　　にんじゃで　ござる

手を開いて回す（2回）。

指のＶの字を片手で包んで左右に首を振る。

どろろん　どろろん　　　　にんじゃで　ござる　　　おう！

手を開いて回す（2回）。

指のＶの字を片手で包んで左右に首を振る。

片手を突き上げる。

☆さるとびの　じゅつで　　　ぴょんぴょん　ぴょんぴょん

手を頭の上にのせて足踏み。

2回飛び上がる。

☆みずぐもの　じゅつで
すいすい　すいすい

腕を振って水ぐもで歩くようにゆっくり足をすべらせる。

げんきで　かっこいい　　にんじゃで　ござる　　　おう！

片手ずつななめ上に上げる。

両手を上げてポーズを決める。

好きな決めポーズをしてもらう。

2

☆うずらがくれで
　きゅっきゅっ　きゅっきゅっ

手を頭の上にのせて、
どんどん体を
縮めていく。

☆しのびあしで
　ぴたぴた　ぴたぴた

音がしないように
こっそり歩く。

にんじゃでござる

作詞・作曲　山本和子

1.2. ど　ろろん　　ど　ろろん　　に　んじゃで　ござる　　ど　ろろん

ど　ろろん　　にんじゃでござ　る　おう！　　さ　ると　び　の　じゅつで
　　　　　　　　　　　　　　　　　　　　　　う　ーず　ら　が　くれで

ぴょん　ぴょん　ぴょん　ぴょん　み　ずぐも　の　じゅつで　すい　すい
きゅっ　きゅっ　きゅっ　きゅっ　し　ーのび　あ　ーしで　　ぴた　ぴた

すい　すい　　げ　んきで　　かっ　こいい　　にんじゃでござ　る　おう！
ぴた　ぴた

劇遊び

忍者の道具を工作したり、なりきって遊んでいるそのままを取り入れて、楽しく劇にしてみましょう。

劇「忍者でござる」

出演者
- 忍者　　　　なん人でも（3チームに分ける）
- お姫さま　　1人に限らずなん人いてもよい
- お師匠さま　保育者
- ナレーター　保育者

★ 大道具の出し入れは、手の空いている子が受け持ちます。

★ 劇中に登場する衣装やしゅりけん、的、巻物などは、遊びに使用したものをそのまま使います。

お姫さま役の小道具を作ろう。

かつら　材料 　工作用紙　輪ゴム　折り紙　ラシャ紙（黒）

1. ラシャ紙を切りとる。 
2. 工作用紙と輪ゴムで、輪を作る。 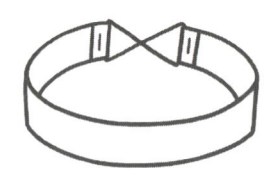
3. 1と2をしっかりはり合わせ、折り紙で髪飾りを作ってはる。

衣装　材料 　不織布　シール折り紙　ラシャ紙

1. 不織布を図のように切り、ホッチキスでとめて裏返す。 
2. シール折り紙で、襟と着物の柄(花模様など)を切り抜いてはる。 
3. 帯はラシャ紙の上下を折って作る。

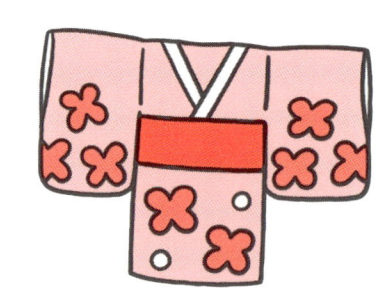

1 忍者の紹介

忍者は猿飛びの術チーム、水ぐもの術チーム、岩隠れの術チームの３チームに分けておく。

ナレーター	ここは、山奥の忍者の里。忍者たちが毎日元気に忍術の修行をしています。さあ、猿飛びの術　どろろん　どろろん　ぴょん！
猿飛びチーム	どろろん　どろろん　ぴょん！ その場で飛び上がる。
ナレーター	水ぐもの術、 どろろん　どろろん　すーいすい！
水ぐもチーム	どろろん　どろろん　すーいすい！ 水ぐもをはき、歩くまねをする。
ナレーター	岩隠れの術、 どろろん　どろろん　ぱっ！
岩隠れチーム	どろろん　どろろん　ぱっ！ 岩隠れの後ろに隠れる。
忍者全員	自分のチームの動作が終わったら、指を組んで忍法ポーズをして待つ。

2 お師匠さま登場

合言葉をみんなでそろえて元気よく。

ナレーター	あっ、お師匠さまが来ました。みんな、並んで。
忍者たち	道具を手に持って、片ひざをつく。
お師匠さま	大変じゃ！　お城のお姫さまが、黒雲五右衛門にさらわれてしまったぞ。
忍者たち	えっ、お姫さまが！
お師匠さま	これも忍者の修行じゃ。みんなで助け出してきなさい。
忍者たち	よし、お姫さまを助け出そう！ 手を突き上げる。
お師匠さま	合言葉を決めておこう！ 「かばの　かばんに」 「こばん　がばがば」にしよう！
忍者たち	「かばの　かばんに」 「こばん　がばがば」
お師匠さま	よし、出発！
忍者たち	おう！

3 忍び足の術

スローモーションの動きをかなりオーバーアクションで、コミカルに楽しく。

ナレーター	忍者たちはさっそく、黒雲五右衛門の屋敷に向かいました。忍び足の術で音を立てずにそっとそっと。
	すた　すた　すた　すた すた　すた　すた　すた
忍者たち	それぞれの場所でスローモーションで忍び走りをする。

4 水ぐも・水とんの術

すいすい、すいすいと声を出しながら、動いてみよう。

忍者たち	水とんの術用の堀を押し出す。
ナレーター	黒雲五右衛門の屋敷につくと、大きな堀があります。 これは水ぐもを使うか、水とんの術で泳いで渡らねば。 忍者たち、がんばって！
忍者たち	みんな、行くぞ！ （小さな声で） おう！ すいすい　すいすい すいすい　すいすい
水ぐもチーム	水ぐもを使用して堀の上を歩く。
忍者たち	順番にくぐる。

5 隠れの術

忍者たちは、それぞれが隠れるものを決めておき、迷うことなく隠れられるように。

忍者たち	堀を片づけ、石垣隠れと木の葉隠れ用の道具を重ねて押し出す。
ナレーター	忍者たちは無事堀を渡って、黒雲五右衛門の屋敷に忍び込みました。 さあ、合言葉を言いましょう。
忍者たち	「かばの　かばんに」 「こばん　がばがば」
ナレーター	あっ、見張りが来ます。石垣隠れと木の葉隠れで隠れましょう！
忍者たち	石垣隠れの術！
忍者たち	木の葉隠れの術！
	忍者たちはそれぞれの道具に隠れる。誰か見張りになって通り過ぎてもいい。
ナレーター	やった！　無事見張りが通り過ぎていきました。

6 どんでん返し

どんでん返しを押す子どもをあらかじめ決めておく（2人くらい）。

忍者たち	石垣隠れなどの道具を片づけ、どんでん返しを押し出す。
ナレーター	忍者たちはいよいよ黒雲五右衛門の部屋に忍び込みました。 よし、合言葉。 「かばの　かばんに」
忍者たち	「こばん　がばがば」
ナレーター	お姫さまはどこにいるのでしょう？ あっ、あやしい壁があります。 押してみましょう。
忍者たち	どんでん返しだ！　くぐってみよう！
	どんでん返しをくぐっていく。
	できればライトダウンして、どんでん返しを片づけ、ポテポテ忍者を押し出す。

7 お姫さま登場

「必ず」「助けるから」「待っていてね」と
忍者のせりふは分けて担当してもよい。

お姫さま	ポテポテ忍者の輪の中に入ってしゃがむ。
ナレーター	どんでん返しを抜けると、あっ、あやしい忍者たちがいます！ よし、合言葉だ！
忍者たち	「かばの　かばんに」
ナレーター	「（ポテポテ忍者の声で） かばやき　がばがば」 あれ。合言葉が違います。 さては黒雲五右衛門の子分・ポテポテ忍者たち！
お姫さま	助けてえ！
忍者たち	必ず助けるから待っていてね！
お姫さま	立ち上がって手を振る。

8 分身の術

先頭を一番背の高い子どもにして、並ぶ。

ナレーター	相手は大勢います。 よし、分身の術の用意！
忍者たち	それっ
	なるべくぴったり１列（それがなん列あってもいい）に重なり、１人に見えるようにする。
ナレーター	分身の術！
忍者たち	どろろん　ぱっ！
	言葉をいっしょに言い、パッと分かれて飛び散る。
ナレーター	（黒雲五右衛門の声で） おお、見事だ！

9　ポテポテ忍者

ポテポテ忍者をカラフルにすると、どれを持つのか目印になる。

ナレーター	さあ、ポテポテ忍者をみんなで片づけてしまいましょう。
忍者たち	おう！
	ポテポテ忍者を抱えて、そでに運び出す。
お姫さま	そっとはけて、黒雲五右衛門の後ろへ。
ナレーター	忍者たちはポテポテ忍者をやっつけてしまいました。 ところが…… （黒雲五右衛門の声で） ふっ　ふっ　ふっ　ふっ！
忍者たち	マット忍者の黒雲五右衛門を押し出す。 その後ろにお姫さま。

10　黒雲五右衛門登場

しゅりけんやくも糸は、始めから衣装の中に入れておくこと。

ナレーター	あっ、黒雲五右衛門が現れました。 みんな、しっかり！
お姫さま	助けて！
忍者たち	お姫さまを返せ！
ナレーター	（黒雲五右衛門の声で） がっはっは、返すもんか。
忍者たち	みんな、がんばろう！ おうっ！
	黒雲五右衛門にしゅりけんやくも糸などを投げる。

11 押し出しの術

「よいしょ、よいしょ」の部分は、かけ声をかける子に呼応させて全員が言うスタイルでもよい。

ナレーター	でも、黒雲五右衛門は、なかなか降参しません。 （黒雲五右衛門の声で） そんな術では、わしは倒せないぞ。
ナレーター	よし、みんなで力を合わせて、押し出しの術！
忍者たち	おうっ！ よいしょ、よいしょ！
ナレーター	わあ、なにをする、 やめろ、やめろ！
忍者たち	よいしょ、よいしょ！
	黒雲五右衛門を舞台の外に押し出す。
ナレーター	（黒雲五右衛門の声で） わあ、まいった、まいった！

12 めでたし めでたし

最後のポーズは、各自かっこいいポーズを。全員そろえなくても OK。

忍者たち	舞台に並び、そろって手を突き上げる。
忍者たち	えいえいおー！
ナレーター	こうして忍者たちは、お姫さまを助け出しました。
お姫さま	みなさん、 ありがとう！
お師匠さま	うむ、見事じゃ！ もうみんな立派な忍者だ。忍法の巻物をさずけるぞ。
忍者たち	わあい、お師匠さま、 ありがとうございます！ いち、にの、さん！ 忍者でござる！
	各自ポーズを決める。

13 フィナーレ

ナレーター　立派な忍者たち、これからもがんばってくださいね。

出演者全員で「にんじゃおんど」を歌いながら、踊る。

にんじゃ にこにこ
手拍子を2つする。

どろろん ぱっ
頭の上で手を輪にする。

しのびあるきで ひとおどり
手を振って4歩、歩く。

しゅりけん なげて
両手を右ななめ上に上げる。

ぴゅん ぴゅん ぴゅん
両手を左ななめ上に上げる。

みんなの みかただ
手を腰に当てて頭を左右に振る。

どろろん ぱっ
手をパッと顔のそばに開く。

にんじゃおんど

作詞・作曲　山本和子

に　ーんじゃ　に　こ　に　こ　ど　ろ　ろ　ん　ぱっ　　し　ーのび
あ　る　き　で　ひ　と　お　ど　り　　しゅ　り　けん　な　ーげて
ぴゅん ぴゅん　ぴゅん　　み　ん　な　の　み　か　た　だ　ど　ろ　ろん　ぱっ

著者紹介

製作物アイデア・構成　山本和子

東洋英和女学院短期大学保育科卒業。童話作家。書籍、月刊誌、作詞等で活躍するとともに、工作案、製作も手がける。著書に『おやつなんだろう？』（ひさかたチャイルド）、『おばけ大集合』『ごっこ遊び大集合』『ヒーロー＆ヒロイン大集合』『縁日ゲーム大集合』『わくわくテーマde運動会』（チャイルド本社）、訳に『ちきゅうのためにできる10のこと』（チャイルド本社）などがある。

製作・イラスト　あさいかなえ

武蔵野美術大学視覚伝達デザイン学科卒業。株式会社サンエックスのキャラクターデザイナーを経てフリー。粘土で作る立体イラストと平面イラストの両分野で活躍中。著書に『おばけ大集合』『ごっこ遊び大集合』『ヒーロー＆ヒロイン大集合』『縁日ゲーム大集合』『わくわくテーマde運動会』（チャイルド本社）がある。　http://www.jade.dti.ne.jp/~asai/

- ●製作物アイデア・構成／山本和子
- ●製作・イラスト／あさいかなえ
- ●ブックデザイン／小林峰子
- ●撮影／竹中博信（スタジオエッグ）
- ●モデル／池内葉月、市川大樹、沖野藍香、矢野陽輝（ジョビィ・キッズ）
- ●撮影協力／仲町幼稚園
- ●楽譜浄書／株式会社クラフトーン
- ●楽譜校正／白日　歩
- ●本文校正／中村孝志
- ●編集協力／大久保徳久子
- ●編集担当／石山哲郎、平山滋子

●参考文献
『忍者図鑑』黒井宏光／著・長谷川義史／絵（ブロンズ新社）
『乱太郎の忍者の世界』尼子騒兵衛／文・絵（朝日新聞社）
『忍者の大常識』黒井宏光／監修（ポプラ社）

忍者大集合　忍者になって遊んじゃおう！

2009年8月　初版第1刷発行
2019年1月　　　第8刷発行

著者／山本和子、あさいかなえ
　　　©Kazuko Yamamoto, Kanae Asai 2009
発行人／村野芳雄
発行所／株式会社チャイルド本社
〒112-8512 東京都文京区小石川5-24-21
電話／03-3813-2141（営業）03-3813-9445（編集）
振替／00100-4-38410
印刷所／共同印刷株式会社
製本所／一色製本株式会社
ISBN978-4-8054-0148-4
NDC376　26×21cm　72P

乱丁・落丁本はお取り替えいたします。
本書の内容の一部あるいは全部を無断で複写複製することは、法律で認められた場合を除き、著作権者及び出版社の権利の侵害となりますので、その場合は予め小社あて許諾を求めてください。

チャイルド本社ホームページアドレス　http://www.childbook.co.jp/
チャイルドブックや保育図書の情報が盛りだくさん。どうぞご利用ください。